le motard

un casque

des bottes

un blouson

le circuit

le pilote

un numéro

le drapeau

la cabine

la remorque

les caisses

les roues

un pompier

l'incendie

une lance

une échelle

Jouons : À quels véhicules appartiennent ces mots ?

JEUX DE MOTS

sur la route

texte d'Annie Pimont

images de Marie-Anne Didierjean

la ceinture   le volant   l'essence   les phares

la voiture

Quand le conducteur monte dans la , il boucle sa de sécurité. Il tient le à deux mains et démarre. La nuit, il allume les de la . À la station-service, il fait le plein d' pour ne pas tomber en panne.

le chauffeur les passagers les bagages la soute

l'autobus

L' est garé sur la place.

Tous les attendent l'heure du départ. Le charge les dans la soute.

Tout le monde s'embrasse.

Le se met au volant.

Comme le voyage va être agréable dans ce bel  .

la cabine

la remorque

les caisses

les roues

le camion

Il y a un gros  dans la

cour. Les ouvriers le chargent

d'énormes . Le chauffeur

du attend que la

soit remplie. Après, il montera

dans la  pour faire sa

livraison. Le a beaucoup

de  . Elles sont très grosses.

un pompier   l'incendie   une lance   une échelle

le camion
de pompiers

Quand il y a un  , on

appelle les . Le quitte

la caserne. Il est rouge. Il

roule à toute allure. Dessus,

il y a une pour sauver

les gens. Pour éteindre l' ,

les se servent de très

puissantes  à eau.

le circuit   le pilote   un numéro   le drapeau

la formule 1

Sur le ⬤ , la course va commencer. La 🏎 est sur la ligne de départ. Elle est très belle. Elle porte un ② sur le capot. Le 👤 est prêt, il attend le signal du départ. À la fin de la course, le 🏁 s'abaissera sur le vainqueur.

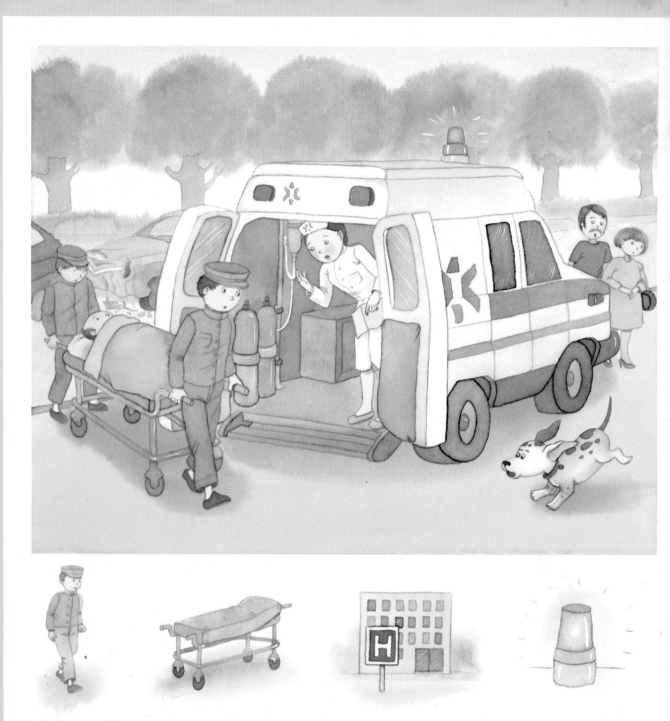

l'ambulancier   le brancard   l'hôpital   le gyrophare

l'ambulance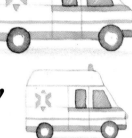

Il y a eu un accident, l'  est arrivée très vite. Déjà, un blessé est couché sur le 🛏 . Il faut le conduire rapidement à l' 🏥 . Alors, l' 🚑 doit se faufiler entre les voitures. L' 🚶 met donc en marche le 🚨 et la sirène de l' 🚑 .

le coureur   la selle   le guidon   les pédales

le vélo

Il y a une course de

dans le village. Un arrive.

Il roule, tête baissée, assis sur

la selle de son  . Il tient

bien son ![image] avec ses deux

mains. Dans les côtes, il

doit appuyer fort sur les

pour faire avancer son .

le motard   un casque   des bottes   un blouson

la moto

La roule très vite,

sur l'autoroute . Le

a mis un  , des gants et

des  pour ne pas avoir

froid . Pour se protéger, il

porte un . Dans les

embouteillages, la se

faufile entre les voitures.

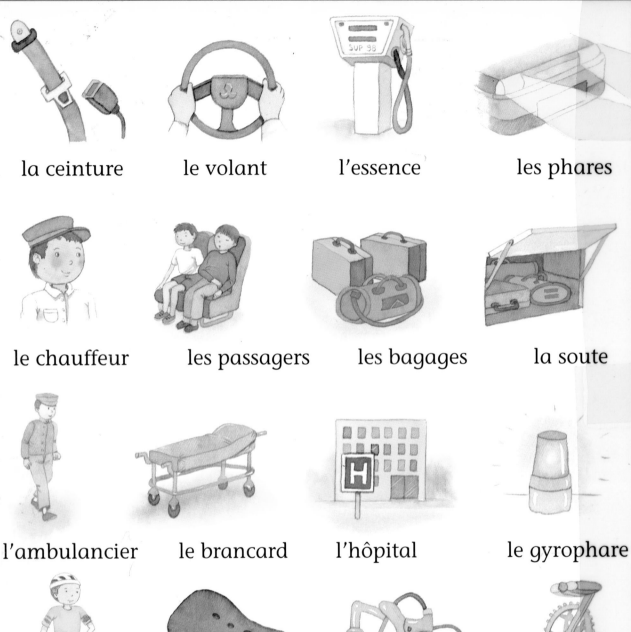

la ceinture

le volant

l'essence

les phares

le chauffeur

les passagers

les bagages

la soute

l'ambulancier

le brancard

l'hôpital

le gyrophare

le coureur

la selle

le guidon

les pédales